ISBN: 978-0-359-38620-8

NORGES HISTORIE BOK FRA OLDTID TIL 2005 (SKREVET I ANLEDNING NORGES JUBILEUM 2005 - 100 ÅR SOM FRI NASJON)

Av: Leif Krogstad

Prolog:

5. Juli 1983 hadde jeg nærdødopplevelser først følte jeg hvordan jeg forlot legemet som lå i sengen på Rikshospitalet og så mitt legeme ovenifra deretter så jeg mitt liv passere som i en revy på en TV skjerm så ingenting fra noen kirke enda vært i kirken - så så jeg en tunnel med lys i den andre enden av tunnelen jeg for igjennom tunnelen og der var Gud

og Jesus og englene spurte: "Hva skal vi gjøre med Leif?" Så bestemte Gud at jeg skulle tilbake til livet: og jeg våknet opp i sykehussengen der var full panikk - og en ung lege forklarte meg at jeg hadde vært erklært død. Da prøvde jeg synge noe men ingen av sangene på en kristen landbruksskole som jeg lært passet så jeg sang det jeg kunne av: "O store Gud!" 8/7 var jeg på værnes flyplass på vei fra Rikshospitalet til Namsos Sykehus og da ba jeg til Gud og Jesus: "Kjære Gud og Jesus la meg bli deres barn og la meg heretter bli en kristen" Da svarte Gud og Jesus øyeblikkelig og Gud talte proferisk gjennom meg det som står skrevet i Ap.gj. "I de siste dager vil jeg Herren utgyde av min Ånd over alt kjød... osv hadde aldri lest det og Gud talte i torden gjennom meg - siden inne ambulansen fikk jeg tale med Gud og Jesus og spurte dem da: "Dette kan da umulig være riktig for jeg har hørt at ingen kan vite at Gud finns til." "Jo!" sa de. Ja, så fikk jeg bare akseptere det: Så sa jeg"nå da jeg vet at dere er sannheten får jeg da spørre om noe?" "Spør om hva du vil!" sa de. Så sa jeg: "Det finnes så mange retninger innen kristendommen og nå da jeg vet at kristendommen er sann hva skal jeg søke som blir rett for deg Gud?" Da ble det et lite opphold så kom det "Søk du Aage Samuelsen!" Og så kom jeg å gjøre fra 1984 og står enda på det han sto for 2017.

Jeg Leif Krogstad – som skapt denne bok – som er en Norges historie – med spesiell vinkling – fleste betydlige detaljer er

med i vår historie. Typisk nordisk dog avdekkes historiske løgner vi søkes bli påtvinget av ondskapsmakt. Ellers boken i seg selv så godt som en ren – Norges historie – dog slik den etter mitt syn bør fortelles – blottet for alle løgner vi blitt foret med og fortsatt selv om vi vet sannheter – selv i dag arbeides få disse forvrengt fra det som er sannheten. Som fortalt i denne historie bok er Norge nettopp nå kun et land som fått være nasjon i ca 100 år – dog sannheten i at Norge dog som begrep og nasjon noe helt annet historisk perspektivisk enn kun 100 år – Norge og denne lokalisering på jorden – og hvor gammel dette land og t.o.m begrep; da er det en helt utrolig lang tid historisk landet har eksistert – jeg forteller som sant er om 1000 vis av år – dette er langt i fra noe "overstatement" – sanneheten er faktisk den at landet og begrepet i seg selv så gammelt at faktisk ingen forsker eller hva det enn skulle være med hånden på hjertet kan si nøyaktig hvor gammel landet egentlig er – 1000 vis av år – kun brukt for ha noe som helst begrep kunne ha noe forhold til – et tallbegrep kun – men faktiske forhold er at 4000 år og det minst. Dog 4000 år gamle bosetninger i Norge er direkte vitenskapelig bevist er tilfellet. Men i det alderen ingen vet nøyaktig – bare kun vites dette land og begrepet Norge så gammelt at snakk om old tid – urtid etc. Ingen kan si der og da begynte dette land og begrep eksistere – dette skyldes den utrolig lange forhistorie – og som umulig i dag finne ut nøyaktig hvor gammelt. Men i benevnelse av landest alder – bruker jeg dog konsekvent – for ha et konkret tallforhold – og i tillegg fortelle verden dette er et så gammel land og begrep

at bare stå der å undre da jeg nevner at landet da eksistert i 1000 vis av år. Boken i seg selv som nevnt langt på vei ren Norges historie – det som gjort er kun feie løgner av banen og kalle en spade en spade. I tillegg gi verdens folk og Norges folk innsikt i hva vi dypest sett er som nasjon og det er noe svært oppsiktsvekkende. Da for den som ønsker sannhet – og bort med alle løgnene fra vår historie – da værsegod i denne bok skjer nettopp så – sannheten fotelles. Og en klar målsetning gi navnet "Viking" den hedersklang det opprinnelig hadde før alle løgnene begynte florere om vår land og folk. Værsegod hvis dere ønsker kalle oss vikinger i verden – så kom igjen – men da også da ved denne bok forstå hva ordet viking egentlig er – hva navnet innholder – hva det skal forbindes med. Urbefolkningen her i Norge bar navnet som kjent vikinger og det ikke kun i 1000 år – mange 1000 år – og hvis kalle oss atter vikinger som ble gjort – da med full berettigelse bære dette navn med stolthet og uten noe som helst negativt – det skal som rett og rettferdig bør være fortelles som gjøres i denne bok være et hedersnavn.

Etter dette forord til boken – historieboken om vårt land Norge: dette landet og folket i seg selv lidd utrolig mye – lidelse dette land rammet av nettopp fordi de var noe så blendende stort en gange i ensidig positiv bemerkning – men etter den tid da på den måte fikk leve våre liv i frihet – i ettertid måttet bære utrolige lidelser og møtt utrolige kamper for vår frihet og vår verdighet som vi en gang for lenge siden og i som nevnt 1000 vis av år da kun tok som en

klar selvfølge at så skal vi ha det – og så skal vi leve. Med denne siste setning til ettertanke innlede nå selve boken. Og ønsker dere god lesning.

Leif Krogstad Oslo, 18. mars 2004

NORGES HISTORIEBOK FRA OLDTID TIL I 2005

Av: Leif Krogstad

Kapittel En:

NORGES HISTORISKE GRUNNRØTTER – INNLEDNINSKAPITTEL

Norge har som nasjon noe av de største og mest betydningsfulle og bidragsytende land hva gjelder verdens utvikling i positiv/humanistisk retning possisjon. Svært mange sett dette fenomen klart utenifra. Vi i Norge som vårt land som først ble virkelig fri nasjon så sent som for mindre enn 100 år siden. I år 2005 har Norge vært faktisk nasjon i akkurat 100 år. Men hva vet verden om oss? Iaktta. Det vært forsket i vår bakgrunn – mye faktisk utenifra og iakttatt. Hva

er denne nasjon: Norge – for folk og hva er det med det land som her ligger. Verden sett og iakttatt bare etter – 1800 tall all den enorme mengde av humanistisk innsats folket som det lille vært og er stått for t.o.m globalt.

Vår grunnlov av 1814 oppsiktsvekkende i mange deler – denne egentlig et skrik og en bønn om nåde, rettferd og frihet. Derfor også det vi kaller ytringsfrihet vært noe av mest fremtredende. Og verden iakttatt og vet et land hvor oppstår ene åndsverksskaper av global betydning etter den andre. Dette en ting av svær mange. Hva vet verden ellers om oss? Jo, de ser for seg det og vet – den urbefolkning som blitt så kjent at aldri kan glemmes.

Det lagets selv littertur utenfra selv om denne. De sk vikinger.

Magna Charta er uansett om dette var en tydelig markering som selv i dag er gjeldende i England nemlig innførelsen av den første Rettstaten.

Sannheten er dog at Demokrati det var for svært lenge siden den Nordiske måte – helt naturlige styre sine områder og land på. At så skal være. Overhode intet menneske hevet over loven – ikke en gang kongen. Den vanlige nordiske styremåte og det som nevnt i tusen vis av år før dette.

Kapittel To:

KAMPEN FOR NORGE OG DETS VIKINGETID: BEVARE DET "NORSKE":

FRA ÅR 800 TIL 1030

Del En:

Olav Tryggvasson Saga:

År 800 til 1030 – dødens tjeneste i norden. – drap av den nordiske grunnsjel – uført av ynglingeætten med – den senere Gudliggjorde Odin som stamfar – egentlig stamfar til ynglingeætten. Ynglingeætten, det var den eldste kjente kongeætt i Svearike med sete i Uppsala, regjerte omkring midten av folkevandringstiden, oppgis i kongerekkene å stamme fra Odins sønnesønn Yngve-Frøy. Den eldste kjente Uppsala Konge og derved Svenske konge – og i tillegg aller første Konge i norden var en mann ved navn: Björn – da etter sagnet sønn av Yngve-Frøy. Denne konge regjerte i sverige på tidlig 800 tall, etterfulgtes av Kong Olof ca år 850 og etter ham igjen var det Kong Ring som ble regjent og endelig Eirik Segersell. Odin - som etter det en kan forstå var svensk Uppsala Viking – med bosted i Uppsala; Ettersom Odins sønnesønn Yngve-Frøy var far til den aller første Uppsala konge: Kong Björn; da Odin som person i seg selv kan en

forstå hva slags menneske han i seg selv var – utifra Snorres Eddas – fremstilling – da ikke den Odin som inngår i Gudefortellingen – men fra det som benevnes som Håvamål – som i følge det som fortelles opprinnelig skal vær formulert av Odin.

Det er virkelig visdom som blir fortalt og i tillegg hvordan mennesker skal forholde seg til hverandre – og alt sammen – etter lest Håvamål av Odin; kan en få et innblikk i at dette er et menneske med både visdom og positive menneskelige kvaliteter. Noe som dog kunne være en mangel og som er en soleklar mangel hos mange av dem som da han er stamfar til. Jeg personlig slik jeg ser det vil ikke stille Odin som person og menneske i noe dårlig lys – tvert imot det jeg vet og sett mellom linjene – da særlig med base i de ordene som står i Håvamål fått en innblikk i at dette er et menneske med klart positive menneskelige kvaliteter.

Det jeg vil frem til i denne utleggning om personen og mennesket Odin er at – Odin – han var vel og bra – men hans etterkommere i det store hele – dvs. Ynglingeætten var ikke akkurat til noe for Odin å være stolt av.

Det vi da står igjen med er: Odin; vel og bra – men ikke hans etterkommere – den sk. Ynglingeætt.

Til avsluttning av denne omtalen av personen og mennesket Odin vil jeg da avslutte hele dette avsnittet med tre sitater

fra Håvamål: "Døyr Fe – Døyr Frendar – døyr sjølv den same - men ordet om deg aldri døyr – vinn du et gjetord gjevt!". "Hvermanns venn å vera – høvar ikkje fagna folk!". "Betre byr – du bær ikkje i bakkjen – enn mannevit mykje – og låkare byr du bær ikkje i bakkjen en ovdrykje med øl!".

Med disse visdomsord fra Odin som avsluttning – håper jeg å ha maktet som var hensikten med i det hele skrive dette å stille personen Odin i et bedre lys om enn hans etterkommeres framferd ikke var til ære for ham.

Nå tilbake til historien om hva som skjedde i Norge omkring år 800 og Ynglinge familiens gjerning – som Odin som nevnt var stamfar til den sk Ynglinge ætt.. Den første historisk sikre mann i den norske gren av Ynglingeætten er Halvdan Svarte (død før 850); gift med Ragnhild – som sammen fikk barnet: Harald. Senere kjent som: Harald Hårfagre. Omkring år 800 fremsto han og dette i seg selv noe katastofalt, truende og forferdelig – en mann med hardt ansikt. Denne mann gikk systematisk selv og i tillegg hans etterkommere inn for å ødelegge den nordiske harmoni og levesett og den norske og nordiske befolkning hatt gjernnom tusenvis av år. Det han hadde som mål var å gjøre seg selv til konge i generell forståelse. Og fjerne der alle de urnordiske vaner hva gjelder styremåte. Det aller verste var at han lyktes i sitt foretak.Det førte også til harde kamper etter de harde

kamper mot Harald Hårfagres skjenselsverk som han anså sluttført ved Hafsfjord i 872.

Etter ham kom bl.a Eirik Blodøks, Harald Hardråde – ja, navnene i seg selv talende hva det hele egentlig dreidde seg om; men dog ; Olav Tryggvasson – han kunne kompromisse – døde dog i slaget på Svolder i 1003. Han i seg selv eneste konge av helt avgjørende betydnig – ja, som hadde mulighet og i tillegg gjorde alt det han kunne for beskytte og berge det Norske der og da – før dette grusomme og da helt ufattlig katastrofale rammet vårt folk og vårt land var den konge som bar navnet: Olav Tryggvasson. (Levde og virket fra ca 950 til 1003). Olav Tryggvasson var kristen men utdannet Temple order ridder i England så sto i opposisjon til den katolske kirke. Den eldste kirke i Norge ligger på Værnes i Trøndelagen - og ble bygd lenge før slaget på Stiklestad. Den Norske befolkning var så å si kristnet før Olav Harldson skulle prøve å tvinge på folket katolsk kristendom og ham som enevoldig konge med all makt. Hvorfor skulle Olav Tryggvasson kommet til enighet t.o.m. bli beskyttet av Trønderne? Sannheten er: Olav Tryggvasson var vikingenes beskytter – ville verne og beskytte mot det som var en trussel fra det som kom fra Europa og det som ble hans fall ved Svolder i Sør-Norge i 1003. Men Olav Tryggvasson vant Trøndernes hjerter unten kamp overhodet – noe som var og er eneste unntaket hva gjelder ynglingeætten. Det står dog i Snorres Heimskringla; "at

Trønderne valgte Olav Tryggvasson til Konge" – dette hadde ikke skjedd med en eneste konge av den sk Ynglingætten – og han var da egentlig da folkevalgt. Trønderne kjempet omtrent helt uavbrudt imot alle konger i den sk. Ynglingeætten. Da kun med unntaket: Olav Tryggvasson – vant Trøndelag helt uten kamp – og i tillegg grunnla Trondheim i 997 og gjorde den til hovedstad i Norge. Dette som takk for Trøndernes ubetingede støtte. I det nåværende Nord-Trøndelag hadde Olav Tryggvasson hovedsete på Egge gard. Denne ligger i Nord-Trøndelags hovedstad: Steinkjer – og denne gard som var over 1000 år gammel – ble lyst under vern av norske regjering - og fikk nærmest stå som den sto på Olav Tryggvassons tid helt frem til i 1990 tallet da den så tragisk brant ned til grunnen. Dette i seg selv var en mye større tragedie enn brannen på Bispegården i Trondheim for heller ikke så lenge siden. Generelt kjempet vikingene mot ynglingeætten uavbudt. Trønderne helt umulig vinne på sin side – likevel gjorde Olav Tryggvasson det – men da også den eneste. Men måtte da akseptere vikingenes skikk og bruk totalt og i tillegg beskytte denne det var avtalen og så gjorde han. Olav Tryggvasson fridde i følge sagaen til Sigrid Storråda – Sigrid hadde først vært gift med Eirik Segersell – konge i Uppsala. Men Eirik hadde vist henne fra seg og tilbakesendt henne til sin Odal – fordi hun var så hardhjertet. I følge sagaen fortsatt – fridde langt om lenge Olav til henne og hun godtok dette frieri – men slik en kan rent logisk forstå – ble hun da etter en stund bare sendt tilbake til sin Odal av Olav i det han også fikk kjenne på den

hardhjertethet denne kvinne hadde. Og Sigrid ble deretter Svein Tveskjeggs kone – i strategi – med mål hevnes på Olav fordi han hadde gitt henne kurven. Konge på den tiden i Danmark – han sk "kristen" – men dog like hardhjertet som sin kone: Sigrid. Og Sigrid yppet stadig Danskekongen til strid mot Tryggvasson. I Sverige etter Eirik Segersæll – hadde hans og Sirgids sønn: Olav Skjøtkonung kommet til makten. Men hadde pga at han ville også være sk kristen blitt jaget vekk fra Uppsala og ble aldri Uppsala konge og derved egentlig heller ikke Svensk konge – slik han dog utga seg for og ville så gjerne være slik sin far. Men Skjøtkonung fikk da flykte til Västergötland – hvor han da opprettet sk avgrenset kristent kongedømme som ble begrenset til å omfatte Väster og Öster Götland og til slutt Småland. Men aldri som sin far ha sete i Uppsala som for svenske konger da var naturlig. Ingen etter Segersell kom etter den tid bli virkelig svensk konge Men nu tilbake til historien om Olav Tyggvason. Den kvinne som kom dog til bli dronning i Norge og som sto urokkelig fast ved Olavs side under alle omstendigheter var en kvinne ved navn: Tyra; hun var Svein Tveskjeggs søster – men hadde blitt bortgift av sin bror Svein Tveskjegg i tanke på den vinning Svein fikk for dette i penger til en gammel mann – konge i Vendland. Hun satt da der dagene i ende og gråt i fortvilelsen over denne sin skjebne og nektet også ta til seg mat. Men endet med at hun flyktet derifra til Norge og søkte beskyttelse av Olav Tryggvasson og det fikk hun. Og etter en stund oppsto t.o.m forelskelse mellom de to og hun ble da som nevnt dronning

ved Tryggvasson side i Norge. Som nevnt grunnla Olav Tryggvasson Trondheim – og der står han i dag i full vikingedrakt på en sokkel i Trondheim sentrum. For unngå den så frie vikingebefolkning. Nettopp for at slik ikke skulle få skje kjempet Olav Tryggvasson imot. Dog ble han da drept i slaget ved Svolder i det halvkristne sør-norge. Svein Tveskjegg og Olav Skjøtkonung hadde der i Sør-Norge rottet seg sammen – begge to katolsk kristne og angrep med mange skip der Olav Tryggvasson. Og det endet med på grunn av overmakt fra disse sk alliert ved Svolder at Olav Tryggvasson ble drept – dette var en ren skjensel og nidingedåd. Hvor betydelsesfull Olav Tryggvasson var og hvor stor makt han egentlig hadde – vises tydelig nettopp hvor mye som skulle til for å utføre dette nidingedåd. Det var ikke nok kun med angrep fra sør-norske vikinger – men en sammens vergelse mellom både Sverige og Danmark i tillegg for i det heletatt ha noen sjangse få bukt med Olav. Men denne sammensvergelse resulterte da i at overmakten der og da ble for stor og at de da maktet det de hadde satt seg fore. Olav Haraldson hadde fremgang etter Tryggvasson i Sør-Norge – men da han kom til Trøndelag tapte han i slaget på Stiklestad mot de trønderske vikinger. Og derved skulle jo slik logisk sett vært slik at kristendommen derved hadde spilt falitt i kampen mot vikingene. Olav Tryggvasson hadde mye til felles med Wilhelm Erobreren – ikke stor forskjell på dem – men hadde ikke de kristne djevler drept ham på Svolder i 1003 – ville verdens utviklingen hatt en helt annen og raskere form i positiv bemerkning. Trønderne ble rasende

etter slaget på Svolder og at Tryggvasson ble drept. Og så denne Olav Haraldson da – som drepte skånsesløst og badet i blod for sin fikse ide som ødela Norge. Norge befolkning ble så hard rammet av denne at den la nærmest landet øde. Etter det kom da Norge; som hadde vært den suverene stormakt i tiden før dette – kun å ende opp som Dansk provins. Den eneste mulige redningen for nordens vikinger lå egentlig dypest sett dog i det som skjedd da de Trønderske Vikinger valgte Olav Tryggvasson til Konge – om han fått leve og virke hadde aldri vikingetiden fått noe brått slutt. Men ble dog dessverre tilfellet – dette i seg selv forsinket verdensdemokratiets oppståen – Tryggvasson kunne i seg selv hatt samme funksjon som Wilhelm Erobreren av Storbrittannia senere fikk – men da ville utviklingen ha skjedd mye tidligere og blitt mye mer skånsesfull – men det som skjedde – skjedde dessverre. Vikingene var i hovedsak et fredfuldt folkeslag; som praktiserte demokrati; og som hadde levd på den måten i mange 1000 vis av år. (Det er konstatert at det var bosetninger i Norge og Norden 8000 år før vår tidsregning)I tillegg til dette var de handels og oppdagelses reisende: de oppdaget Amerika (Vinland) på et meget tdlig tidspunkt og de hadde bosetninger mange steder – de befolket Island og Normandie. Oppdagelsen av Amerika skjedde omtrent nøyaktig år 1000 – pluss/minus – i hvert fall temmelig nøyaktig det årstallet. Historien om dette følger her i korte trekk: Eirik Raude ble født i Norge – i tidlig 900 tall og ble pga. sin motvilje mot Harald Hårfage ættens kongedømme – forvist til Island ca 970 i likhet med mange

med ham og etter ham. Eirik Raude var virket som oppdagelsesreisende og i 982 oppdaget han Grønnland, før han oppdaget Grønnland hadde han giftet seg med Tjodhild som lik ham selv var av god ætt. De fikk sønnene: Torstein og Leif og i tillegg Torvald og Fjørdis.. I tre år utforsket så Eirik Grønnland. I 985 seilte en emmigrant besettning på mange vikinge skip inkl. Eirik med familie og bosatte seg permanent på Grønnland. Eirik Raude ble valgt til Grønnlands første Lagmann. Og etter den tid vokste den norrøne befolkning der til ca 5000 på det meste. På 1400 tallet hadde dog den norrøne befolkning der minket til omtrent null. Stedet Eirik Raudes familie da bodde på på Grønnland fikk navnet: Brattalid. Sønnen Leif lignet mye på sin far og hadde reise og oppdagelseslyst. Og da Leif var ca 20 år fikk han et vikingeskip for å seile over til Norge. Det var i år 999. Skulle der besøke Olav Tryggvasson og vel fremme ble han vel mottatt av Olav. Reisen tok lengre tid enn beregnet og derfor måtte Leif da oppholde seg ett år i Norge over vinteren. Olav Tryggvasson satte stor pris på den langveisfarende og han ble godt mottatt - satte stor pris på ham gjorde også Torgunna - en jente av stor ætt. Da Leif skulle reise tilbake til Grønland året etterpå - ba Torgunna ham om å få bli med. Leif vegeret seg: "Kunne ikke drive med bruderov!"; sa han. Da røpet Torgunna at hun var blitt med barn sammen med Leif. "dersom det blir en sønn skal jeg sende ham etter deg til Grønnland!"; lovet Torgunna Torgunna fikk en fin kappe og en gullring av Leif. Det ble en gutt som fikk navnet: Torgils Undet turen til Grønnland da

Eirik Raude hadde oppdaget Grønnland hadde ett skip kommet ut av kurs og sett ett annet landområde i det fjerne. Dette ville nå Leif søke å finne ut hva det var. Og han fikk skip og utrustning av sin far Eirik. Leif ville at hans far Eirik skull være med på ferden og dette ble en avtale. Men da Eirik skulle ri på sin hest ned til skipet falt Eirik av hesten og skadet seg. Dette tok han da som tegn fra Gudene om at han skulle holde seg heime. Og slik ble det. Derved ble Leif leder for mannskapet på skipet og de oppdaget da Amerika – som de ga navnet: Vinland – dette var på 1000 tallet. Hans ekspidisjon hadde vært en suksess. I følge det bl.a Thor Heierdal senere oppdaget er at Vikinger mest sannsynlig etter den tid var så langt sør som Sør-Amerika og også var i det nåværende USA i kontakt med Indianer befolkningen der. Vikingene hadde da overfor dem opptrådt kun fredfuldt og uten noen konflikter overhodet mellom dem- Vikinge som nevnt i utgangspunket et frihetselskende folk og med tillegg av uferds og oppdagelsestrang Vikingene elsket i grunnen sin frihet og var i utgangspunktet frie, selvstendige bønder. Harald gjorde dog sitt under sin Kongemakt alt for ødelegge denne frihet vikinge befolkngen i norden hadde generelt. Han tok fra bøndene eieretten og la all eierett under sitt kongedømme – og deretter gjorde vikingene til slaver – på en måte under hans makt. Dette kampen mot ynglingeætten generelt handlet om dvs. en ren frihetskamp. Denne måte ble bygd på i sin tid; å bygge ting på; ved enighet og ren kreativitet - slik ble alle vikinge skipene bl.a . til og da inkl. Ormen Lange – skipet til Olav Tryggvason og alle de andre

vikingeskipene – disse som i enda i dag kan iaktaes i Norge – i iaktagelse av Gogstadskipet og Osedalsskipet og i tillegg Tuneskipet. Denne måte skape ting på – ved enighet og ren kreativitet som var den vanlige måte for vikingene å skape ting på slik ble da også Parthenon til i sin tid. Ved at utfallet dessverre ikke ble i vår favør – dvs. at Tryggvasson fikk seiren der og da i 1003 var vårt skjebneslag – alt sto der på spill – abslutt alt – vår nasjon – vårt folk – ja, selv både eksistens som nasjon og folk – så avgjørende historiske var denne person Tryggvasson.historisk for Norges beste.

Olav Tryggvasson:

1. Brede seil over Nordsjø går, høyt på skansen i morgen står Erling Sjalgson fra Sole, speider over hav mot Danmark: "Kommer ikke Olav Tryggvasson?

2. Seks og femti de drager lå, seilene falt,... mot Danmark så solbrente menn,... "Hvor bliver Ormen lange? Kommer ikke Olav Tryggvasson?"

3. Men da sol i det annet gry steg av hav uten mast mot sky, ble det som storm å høre: "Hvor bliver Ormen lange? Kommer ikke Olav Tryggvasson?"

4. Stille stille i samme stund alle sto; ti fra havets bunn skvulpet som sukk om flåten: "Tagen er Ormen lange; fallen er Olav Tryggvasson!".

5. Fra Norges land og fra folkets sjel for all tid etter det vil ropet stadig være: en undring og lengsel og et rop ut mot

Nordsjøens hav: "Hvor bliver Ormen lange? Kommer ikke Olav Tryggvasson?"

Med dette dikt avsluttes denne del av dette kapittel – og den neste del begynner.

Del to:

Etter Slaget på Svolder 1003 – ender med "rangarokk" i år 1030 ved Olav Haraldson– et katolsk holocaust - og derved utslettelse av nasjonen norge og dets folk – i 1000 år

Og i og med utfallet av slaget ved Svorder da var egentlig nasjonen i seg selv satt sjakk matt – og så fremstår da like etterpå ganske naturlig i dyp kontrast – dypest tenkelig: Ja, den største djevel noensinne i Norsk historie fremsto på tusen tallet – en mann med både katolske ideer og enevoldshersker ideer, denne mann bar navnet: Olav Haraldson. Han er uten tvil den største djevel noensinne i norsk historie. Riktignok kjempet vikingene tappert og som vanlig heroldisk imot ham. De så ham jo kort og godt som den reelle trussel han var. Og her gjaldt alt eller ingenting. Slutthistorien der og da da han ankom Stiklestad var at vikingene i ren forsvar og kamp om liv, verdighet og helse, knuste både ham og hans hær og allierte totalt i ved Stiklestad i 1030.Vikingene vant egentlig der mot den sk. "kristendom"; tydelig og markant visuelt sett – at her har vi da satt grensen bort med dere – dere djevler! Dit men ikke lenger – her setter vi strek for hele deres virksomhet. Klart

seiersropet der og da var et gledesrop. Dog dessverre for vikingene og deres ve og vel – Harald Hårfagres hærverk lagt grunnlag for tross deres seier kunne kirken fortsette med sitt også etter det. Ved Olav Haraldsons fremståen etter ham og derved kristendommens innførelse ved "tvangsomvendelse" og Haraldsons fikse ide om innføre kristendommen i Norge. Om enn egentlig Haraldson ble beseiret av Trønderne ved Stiklestad hvor da hans følgesvenner og han selv ble tilintetgjort av trønderske vikinger. Dog Olav Haraldson ble av katolske kirke gjort til martyr – og kristendommen ble da likevel innført. Men dog også det år 1030 et tidsskilles år ble da i forbindelse med det skjebnesvangre som da skjedde – at det hele ble dog som årstall og hendelse da i år 1030 – noe grufuldt som ved og etter de år kom å ramme Norge som Nasjon. For etter det skjedde den ene katastrofen mot Norge som nasjon verre enn den andre. Katolske kirke begynte så med sitt for å få herredømmet over Norge og voldta og legge øde den nordiske grunnsjel. Svartedøden kom ved innførelse av sk. "kristen" vaner og i tillegg Hansaeniseringen av Bergen – fra Bergen kom da svartedøden; dette ville føre til at Norge som vært stormakt og mektigste nasjon i norden – ble rammet hardest av denne og nærmest hele befolkningen helt utryddet som nasjon – dette siste tidfester jeg klart til år 1030 – da med den gangen hovedskyldige i det grusomme som rammet vårt land der enkelt for enhver å se rent historisk – nettopp Olav Haraldson – og hans innførelse av kristendommen i Norge den gang – en fiks ide som

resulterte i at landet ble så hardt rammet at ble historisk etter det utslettet – etter det skulle Norge bare forsvinne og være borte som nasjon og det i 1000 år. Utrolig fortelling dog den reelle sannhet. Om enn Norge og Norske vikinger nærmest kunne virke uovervinnelige; overmakten og kvantieteten i makt beiseret der av heroldiske kvaliteter. Det historien endet med var kall det fuldt dekkende et rent Holocaust; for var masse henrettelser. Så gradvis pga uttyning av motstandskraft i det lange løp til faktisk nederlag rettet mot Norge og de norske vikinger. Hvordan så så Norge ut etter nederlaget? Norge hadde i tusenvis av år hatt en nordisk urbefolkning levende i harmoni og med naturlig vitalitet og motstandskraft nærmest mot alle farer – ja, nærmest uansett hvilken: Sykdom eller hva det så skulle være. Intet kunne true dem. Kunne virke slik. Men andre nye vaner ble påtvinget dem, tvang og annet ondt fra Europa. Men reaksjonen ble noe jeg vet ikke – uventet? For den norske befolkning lot seg ramme av sykdom – digerdøden kom til landet. Resultat landet som før så enormt tettbefolket ble så godt som lagt helt øde – og det på svært kort tid. Hjerteskjærende historie dog sann. Men en liten rest gikk omkring dog med store plager her i Norge gjennom de følgende århundre – etter den katolske kirkes voldtekt av landet – som kom til å legge en 1000 årig plassering av Norge og dets folk i et "dødsrike" – en utslettelse både av nasjonen Norge og dets folk – i tillegg til sjelelig voldtekt – underkuelse - av folket og dets vilje også i 1000 år. Vikingene hadde en klar forestilling om et

kommende"Ragnarokk" – og det var kommet til Norge der og da i Olav Haraldsons skikkelse – Rangarokk var en faktisk historisk hendelse for Norge og dets folk der og da og det i år 1030.

Det helt avgjørende skjeende og som betydde vårt være eller ikke være var som nasjon og folk i Norge – trønderske – vikinger valgte Olav Tryggvasson til konge – dersom han lyktes som store odds virkelig kunnet ha mulighet – i der og da ved ham og ved det norske folk ble arbeidet målbevisst med sterk motstand mot denne trussel – vi kunne lyktes i det foretak og da bevart det nordiske – og Norge da bare fått fortsette sin historiske gang som før. Men slaget sto – mobilisering i kvantitet av ondskaps makt og hvor utfallet skulle ende – visste ingen – ingen kunne vite – dog i disse avgrunnskrefter fjernet vår konge: Olav Tryggvasson og beseiret ham og hans standhaftige hær i slaget ved Svolder i 1003 – dette ved ren kvantitativ overmakt – der hadde de ved den handlig – satt stans for vår vikingetid – og gjennom den grusomme skjebne vårt land og folk ble til del etter dette skjeende naturlig nok i folket som dog om en redusert til nærmet ingenting – de få som dog ble gjenværnde og levde her gjennom tidens løp etter det i 1000 år – i de siste 500 år av disse var vi konstant og helt uavbrudt undertrykt direkte av fremmed makter – totalt underlag deres herredømme og for dem kun som provins eller koloni å regne – i faktisk iaktagelse. 400 av disse under Dansk herredømme og derved

undertrykkelse – og siste 100 år før endelig da ble nasjone da etter 1000 år totalt ikke eksistert som slik – under Svensk herredømme – og endelig da kun de da siste 100 år da endelig fri nasjon – da siden 1905. Men helt uavbrudt gikk stadig en tanke og bønn – en setning og en lengsel – et spørsmål en higen om friheten tilbake og verdigheten og vår tapte stilling som nasjon en setning som uttrykte vårt folks uavbrudte lengsel tilbake til det så hjerteråtte og brutalt bare frarøvet oss ved brutal og hensynsløs overmakt – folkesjelen ropte og det uten opphold – og med de ord uttrykke sin dypest lengsel – en bønn om nåde – en bønn om hjelp – et håp som engang vært reelt og hatt et faktisk reelt innhold – og en klar mulighet for at katastrofen som dog ble oss til del aldi villet eller kunnet inntreffe dette rop og denne bønn fra folkesjelen hadde og har enda denne ordlyd og slik vil det bestandig bli:

"Hvor bliver Olav Tryggvasson – hvor bliver Ormen Lange? kommer da ikke Olav Tryggvasson snart!"

Kapittel Tre:

DET SKJEBNEÅR 1814 – NORGES GRUNNLOV BLIR SKAPT – GJENKOMSTEN AV "VIKINGE NASJONEN" SOM VAR TAPT – GRUNNLAGET BLIR LAGT – HÅPET TENNES ATTER

Norges grunnlov ble skapt 17. mai 1814 – skrevet ned derog da i Eidsvoll. Ved det setter vårt folk et klart tidsskille en avgjørende handling – en for verden åpenbar handling som forteller hva vår vilje er – vårt ønske og higen. Ønske om frihet. Om det etter tusen års underkuelse. Selvstendig klar nasjonal handling – om dog ei noen faktisk fri nasjon – selvstendig – faktisk reelt begrep – ikke noen om enn ved den handling i seg selv fortalte verden – dette er vårt dypeste ønsken – vår higen – å få gjenoppstå som nasjon etter så lang tid av underkuelse – vi hadde ved vår grunnlovsskapelse vist verden hva vår lengsel og higen vært og det etter tusen års underkuelse – vi ønsker vår nasjon og frihet tilbake! Det skjebneår 1814 – da vår grunnlov blir skapt - gjenkomsten av "Vikinge nasjonen" som var tapt i så utrolig lang tid – grunnlaget blir lagt – om enn etter så lang tid: det reelle håp med grunnlag for – en endelige frigjøring – håpet tennes atter. Mye ved vår grunnlov var egentlig radikalt og svært spesielt; en meget spesiell ting var: at å være adel; kort og godt ikke lenger ble lovlig i Norge. Alle navn måtte være innenfor visse grenser – f.eks von og af benevnelse - ble ulovlig å ha i navn i det hele tatt. Alle titler som: Baron, Greve i tillegg ble forbudt i loven. Det bare var

slik det føltes i Norge – der og da – ikke mer enn rett og riktig. Tilgjengelighet på navn generelt – ikke være vanskelig – men dog ikke kunde bindes eller forbindes i noen sk "adlig retning" – overhode – det være helt og holdent ulovlig. En slags: "Bort med våre gamle fortrykkere!". Og loven om det er fortsatt en del av vår Grunnlov. Hvis så iakttar – hvor ble Norge av? Et engang for 1000 år siden – mektig – strålende land – frem til året 1030 – det skjebnesvangre år – da bare "forsvant" dette land! Slik historisk kan iakttaes. Hva som ligger i – innholdet av dette utsagn – dog faktisk hendelse – er lidelse så stor at umulig sette ord på det. Men altså i 1814 fikk Norge egen grunnlov. Navnet: "Norge!" – hørtes igjen! Dog så gammelt – enda så ung. Og nå til den historiske faktiske fortsettelse av "Norge begrepet" som noe reelt og virkelig eksisterende. Som nevnt tok til så sent som i 1814 – ved skapelse av så ny Grunnlov. Så oppstår personer i folket – markante og oppsiktsvekkende – selv for verden som helhet. Henrik Wergeland en av dem – store humanister – verden iakttar og undrer. Den ene etter den andre. Markante individer som gir Norge – navn i verden. Henrik Ibsen – så bare følger på: Johann Falkberget, Amalie Scram, Gabriel Scott – rekken nærmest endeløs. Store politiske og ideologiske skikkelser som gir Norge godt navn og omdømme selv globalt sett. Over alt betyr Norge noe.Norge reiser seg og virker som som fra nå kun ledes fremover. Hvorfor oppståen av alle disse åndsverksskapere – som selv verden undres over i iakttagelse av dette lille land med så mye skapelse av åndsverk. Som t.o.m globalt har betydning

den ene etter den andre. Årsaken lå dypest sett der: Norge vært ute av historien i 1000 år - hva vi mente - hva vi ville hadde liten betydning i det hele tatt i løpet av 1000 år. Og der da som selvfølge - her i Norge må vi ha tilbake vår ytringsfrihet - når den loven at der skal råde ytringsfrihet i nasjonen Norge var skrevet ned i vår Grunnlov av 1814 - da er jeg sikker på der kom en lettelses atmosfære og følelse av: "Nå endelig fri - nå endelig kan vi - hva vi mener og hva vi føler bety noe som ikke gjort pga undertrykkelse gjennom 1000 år!" Og denne loven i seg selv: Ytringfrihetsloven noe av det helligste og dyrebareste vi har i vår grunnlov - dog er mer enn bare den som er hellig - men når de ordene vel var festet på papiret at Norge skal ha ytringfrihet som nasjon i vår grunnlov - da kom en naturlig etterreaksjon - det en helt naturlig konsekvens. Det gir en god del av forklaringen til alle disse åndsverkskapelser - det ene etter det andre. Håpet er atter tent og grunnlaget for dette håpet noe faktisk iakttagbart - dog skulle enda gå 100 år omtrent fra 1814 hendelsen - da grunnloven ble skapt før nasjonen var endelig helt fri. Og historien videre om det skjeende følger i det neste kapittel.

Kapittel Fire:

NORGES ”PÅGJENFØDSEL” – GJENOPPSTÅEN SOM NASJON I 1905

Tiden gikk nå sin gang og vår nasjon reiste seg som ”fuglen fønix” – som den fra asken – og strålte – liksom den i overveldende glans. Parlamentarismen kom; Venstre som regjerende parti det i 1905 – og da kom unionsoppløsningen fra Sverige. Vi kunne ikke der og da vite utfallet – ble også truet sterkt utenifra ved våre egenrådige handlinger. Krigen truet oss også. Men ble da skånet for det. Det ble slik vi ønsket det. Krefter jobbet selvsagt på vår side – men ta for gitt selvsagt ikke kunne gjøre – bl.a mannen og svensken: Alfred Nobel – hadde klart sympati henimot vårt land og klar utvetydig standtagende: ”At la Norge få sin frihet!”. I sin opprettelse av den så verdenskjente: Nobelspris – gjorde da også Alfred Nobel akkurat i den tiden en direkte åpenlys handling – for ved den kunne hjelpe på den utvikling han ønsket og det var at han bestemte i sitt testamente at Nobelsprisen – den sk Fredspris – skulle Norge som nasjon ha forvaltning over og ha ansvar å dele ut hvert år. Dette var en av flere vennligsinnede krefter som arbeidet utenifra – og selv ikke denne beskrevne ubetydlig. Christian Mikkelson der og da en sann Viking.- vår daværende Statsminster – og ved ham i 1905 fikk da vårt folk sin endelige frigjøring. Norge reiser seg og virker som bare kunne ledes fremover – ikke mulighet for noe annet. Og vi var så priviligerte – velsignede

– dog noe vi der og da ikke kunne vite noe om – vi fikk i ren iaktagelse som nasjon et konstintusjonelt monarki. Kongedømmet i seg selv konstitusjonelt ikke noe annet. Men den konge som da ble vår konge i 1905 var Håkon – fra Danmark - opprinnelig tronearving til det Danske kongehus – til landet; gift med Maud (av England). Men hva vi vød dette hadde fått i landet – kom historien å vise – noe ingen kunne ane – denne mann Håkon kom til å få en svært stor og betydlig plass i selve norges historien – det selv i det mest avgjørende og aller mest krevende omstendigheter Norgeshistorisk – det som person og menneske – bevise hvem han var – han kom til å vise seg være en kjempe. Ja, en gigant hva gjelder menneskelige egenskaper i positiv bemerkning – så markante disse egenskaper at disse i ham iboende fikk ham til å gjøre handlinger og ta standpunkt i helt avgjørende tid for Norsk histore. Ja, faktisk – dog sant han som person i den historie som kom å følge betydde der og da vår selve vår nasjons og vårt folks være eller ikke være. Men nettopp nå videre historisk fra den helt spede begynnelse da Norge atter sto frem som nasjon og faktisk begrep i verden – en reell og faktisk nasjon og det i år 1905. Fritjov Nansen - masse mennesker begynte begynte bygge opp landet fra vårt nullpunkt der da i 1905 – dog også da og der nasjonen: Norge var noe faktisk eksisterende. Der og da disse mennesker begynte bygge opp landet og bringe tilbake vår en gang regjerende: ”nordiske rettferd” – atter i landet – slik var for 1000 år siden.

Kapittel Fem:

NORGE – DET TAPTE VIKINGELAND – TAR TILBAKE SIN POSSISJON – FREMGANG I ALT MED KUN DET MÅL FOR ØYET – KLART IAKTAKBART: VIKINGENE KREVER TILBAKE SIN RETT: OG INGET STANSER DEM!

Nå avventes ting – nye ting må da skje i Norsk historie. Så da etter noe venting skjer da noe: Sosialistiske Partier oppstår – dvs samfunnsrettede. Det som da er soleklart parlamentarisk og i tillegg demokratisk – av flere – dog av folket tatt mest seriøst blir det nystartede: Det Norske Arbeider Parti - og det kommer da til makten rundt 1930 – som da er ganske helt logisk og selvsagt. Dette idet taler folkets sak. Folket må jo selvsagt stemme for sin egen sak og majoriteten må jo selvsagt stemme på dette parti i det det i seg selv taler for folket som helhet og ikke for kun enkeltgrupperinger i folket. Dette er jo ren demokratisk logikk – noe helt selvsagt t.o.m utifra demokratiet som ideologi og grunnlag for et land som er demokratisk – er det selve grunnkjernen – og grunntanken at majoriteten er de som skal lede landet. Demokrati i seg selv betyr jo da også t.o.m som ord i seg selv: Folkestyre. Det som da skjer er at Johann Nygårdsvold – rundt år 1930 – blir regjerende Statsminister. Ikke for det: Venstre var også i sin tid – et

parti for Norges folk som helhet; men ikke så til grunden som det nye Partiet var – derved hadde ikke lenger Venstre noen rolle. Dog all ros til Venstre for seriøst Parti å være – der og da til sin tid og da i 1905 da var folkets parti. Men Det Norske Arbeider Parti var så bunnsolid og grunngjennomarbeidet – i sin skikkelse – og det den da representerte – at soleklart talte folket i Norges sak – og det som helhet. Derved helt naturlig og selvfølge at det fikk makten i Norge. Dette varte så fra ca 1930 tallet og fremover – ingen konkurent noen sjangse – helt totalt utenkelig – en umulighet. Rent logisk. Landet gikk lyst fremover – mørke kreftene var satt totalt ut av spill. Landet var da faktisk der og da ført tilbake – dette i erkjennelse hvis bare iakttar og reflekterer over dette skjeende – hvor det en gang var for svær lenge siden. "Nordisk Rettferd!" – alle – hele verden kunne se og iaktta den – den er tilbake! "Og nå var egentlig sjakkbrettet ferdig spilt!". Ondskapens makt som holdt nede landet så lang tid var spilt totalt: "Sjakk Matt!". I tillegg hadde paralelt alle de Nordiske land gått igjennom ganske nøiaktig samme prosess. Norge var om lang om lenge dit Norge en gang var og der Norge skal være! Lysets krefter hvilte der og da trygt over Norge – bragt tilbake. "Nordens rettferd" – var atter noe håndgripelig – noe faktisk og reelt regjerende – og i tillegg noe faktisk iaktagbart – ikke bare for Norden og Norge – men for verden i sin helhet. Egentlig deretter historisk skulle kun bringes videre og videre på nettopp denne vei – ingen grunn til noen annen tanke – eller årsak til annet – kun den vei som nå

valgt og bare kjøre denne videre – endeløst. Demokratiet i seg selv – hadde gått sin seiersrike og urokkelige seiersgang over verden – etter napolions krigen. Det i seg selv som åpnet mulighetene for den hendelse her sist beskrevet i Norge – der Det Norske Arbeider Parti kom til makten ca 1930. USA hadde fått demokrati allerde så tidlig som i 1776. (Altså før den franske revolusjon 1789). England jo fått den allerede på 1000 tallet – som beskrevet tidlig i dette skriv og hvordan. Egentlig der kimen til det hele – redningen for verden hadde blitt plantet av Norske vikinger i år 1000. Selv tapte de den og alle de rettigheter, goder og den rettferd denne i seg selv så gavmildt gir – men de levnet den i arv til England – i en slags oppbevaring – hvis dere vil. På den måte det var at det kunne bli bevart og ikke forsvinne totalt. Og som nevnt etter napolions krigen – gått sin urokkelige og uovervinnelige seiers gang over verden – bare spredd seg fra England og stadig utover – og med seier etter seier. Med det beskrevne da endelige skjeende i norden – og da for Norges del at: Det Norske Arbeiderparti kom til makten ca 1930, da virket som nå bare fortsette veien fremover og ikke vike av ens en tomme i noen annen retning. Verden rettet begeistet sine blikk mot Norden og Norden strålte i kraft og skjønnhet; med å svare med et mildt smil og en dyp lettelse i Norden som helhet svare verden i det den iakttok Norden: "Vi har endelig fått tilbake vår eiendom; vår vikinge ånd med all sin ekthet, frihet, rettferd og våre rettigheter!". "Se på oss – og vi smiler mildt tilbake!".

Kapittel Seks:

NORGE I KRIG FOR FRIHET, FRED , RETTFERD OG DEMOKRATI: FORSVARSKRIGEN MOT TYSKLAND: 1940-45

Dog i dypeste - tenklige kontrast - og uventet - hadde en annen - utvikling pågått i enkelte land - mørkekrefter - med dype historiske røtter - som dog der og da like før - da tenktes globalt: "Aldri mer skal disse komme noensinne til orde igjen!". Vi - verden - syntes streken for disses virksomhet - disse mørkrekrefter - satt ut av spill totalt verdens historisk og det for all tid - i iaktagelse av den globale verdensutvikling generelt. Om enn gamle og historiske røtter så kom aldi mer tilbake til vår jord igjen! Slik var den generelle følelsen og iaktagelsen av verdenutviklingen helt frem til da syntes klart vise at dette var det klart hold i å kunne for verdens folk som helhet gjøre denne erkjennelse og klart se den. Men hvor øyenstikkende - strålende - det var ikke enda bragt til veis ende - disse mørke krefter hadde mobilsert seg - om enn de blitt forminsket til en liten dverg - hadde de med i ett nu

maktet forgifte hele nasjoner. Italia som nasjon var den første nasjon som beveget seg ned i denne avgrunn – og avgrunnen var bunnløs – hele nasjonen og folket var i ett nu totalt forgiftet av disse avgrunnskrefter – altså en hel Europeisk nasjon. Deretter fulgte to nasjoner på og de også bli likeså avgrunnsdypt forgiftet av disse avgrunnskrefter – tre nasjoner med hele folk var bunnløst forgiftet av avgunnskraft. Det to andre som fulgt etter utviklingen i Italia var: Tyskland og Japan. Trussler atter! Ondskapens mørke krefter – avgrunnskrefter – søker mobilisere til kamp mot lysets krefter. Og som nevnt onskapsmakt – hadde til da førmøret allerede tre nasjoner – tre hele store folk totalt. Fått den totale overmakt i disse nasjoner. Her kan da ikke om enn krevd så mye lidelse og så mye kamp; hviles lenger kun på laurbærene. Her må varsles nå er faktisk hele verden i fare. T.o.m dens eksistens som helhet. Og så kunne forstå og se at så er det. Og nå må alle gode krefter mobiliseres til krig – uten kompromiss – uten noen vilje vike så mye som en tomme. Her gjelder å berge verden fra undergang – så alvorlig hadde situasjonen blitt og her gjaldt kun en ting og en avgjørelse kun en: Fortest mulig gå til krig! Kjemp imot! Overhode ikke ens tenk tanken – å gi etter – hvis ikke er alt tapt! Så alvorlig plutselig situasjonen blitt. Situasjonen iaktaes og erkjennes om enn noe både motvillig og langsomt av verdens demokratier. Og det gir dog det resultat at ondskapens riker da går til krig først og ikke omvendt. Verste er at de er svært mektige. De har voldsom slagkraft og i tillegg en grusomhet og ondskapsvilje som ikke kan

gjengies i ord – alt for dyp er den ondskap de representerer. Verden i seg selv er truet. Selve dens eksistens. Men der settes da streken – konsekvent, hurtig og beslutttsomt – England går til krig mot Hitler og Tyskland og dens allierte. England Statsminister Winston Churchill – sto der urokkelig og med et mot og klarsyn som ved det i seg selv hans sterke karatær og det i ren positiv bemerkning – til Englands leder og i skjebnevalgene – de avgjørende når de skulle taes – ble tatt av ham uten uten å tvile eller vike så mye som en tomme i noe henseende ovenfor – sin klare erkjennelse som – også der og da verden var i skrikende behov av nettopp en slik leder og en slik mann – og han kom da føre krigen som ledende i alle henseender – og hans målsetning klar – disse ondskaps riker må knuses og det til enhver pris – hva det koste må. Englands beslutttsomme og utvetydige holdningstagende – og ultimatumet England stilt ved sin Statsminister Churchill med adress til Adolf Hitler – med et klart – dit men ikke lenger! Iaktagelsen vært og erkjennelsen dette er bunnløs avgunns ondskapsmakt vi står ansikt til ansikt med og her gjelder alt eller ingenting – og Tyskland hadde da stadig – ekspandert – ved et slags galmannsargumentasjon og "diplomati" overfor sine aneksjoner – men Churchill bestemt seg for her skal settes grenser – dette hele galmannsverket skal slettes bort fra verden – og et klart utvetydig ultimatum for sette det hele i bevegelse – alvoret i hele situasjonen visste han hele tiden fra det hele begynte sett den klare ondskap som spredt seg – og ultimatumet var: "Hvis dere tyskere angriper Polen da er

dere i krig med oss!". Klar og utvetydig melding ut og adressert til Hitler – dog denne da som da også helt totalt forventet angriper Polen i 1939 – derved er krigen i gang – som da også klart ønskelig fra Churchills side – da hele tiden sett det dype alvor i utviklingen som pågått i de tre nevnte land. Dog kom i tillegg en likeså klar og markant skikkelse i avjørende historisk positiv bemerkning der og da å være USAs President: Roosvelt. Som statsmann utvetydig og likeså klar og uten kompromiss – og klar erkjennelse av forholdene i verden der og da og alvoret i det som truet verden som helhet og hele menneskeheten – som statsmann tok som konsekvens øyeblikkelig parti for Chorchill og hans land: Englands holdninger og det i ethvert henseende. Men USA som nasjon var enda ikke med i krigen – enda Presidenten ikke la noen som helst årsak eller grunnlag for noen tvil om hvor han sto i dette henseende og hvilken side han sto alliert med. England fikk bistand gjennom krigen fra USA til kunne føre den så langt som både Churchill og Roosevelt klart var enige om var absolutt nødvendig – og det var å få fjernet disse ondskaps nasjoner og det helt totalt og eneste akspeterbare fra disses stå sted som tyskerne stadig fikk gjentatt – hvis prøvet noe slagt "fredssnikk snakk" – "Svaret var da hele veien kun ett: "Her aksepteres kun en ting og det er kun betingelsesløs kapitulasjon!". Noe utover det aldri på noe tidspunkt bli tale om – vi så kjempe helt til dere gir dere helt totalt over og det uten noen betingelser fra deres side kun fra vår! Norge som ung nasjon og nettopp vunnet frihet og fred blir i likhet med mange andre land

angrepet av tyskerne og hva skjer? 9. april 1940 blir Norge angrepet av tyskland. Kampene blir harde. Tyskerne har svært mange perverse vrangforestillinger om Norge og Norges folk – de hørt om vikinger. Men hva visste de om dem annet enn perverse vrangforestillinger! Det var alt. Visst fikk de møte vikinger – men ikke som de forsestilte seg dem – men ekte vikinger – de sanne: Og de viste: På denne måte er vi! Så derved kunne ikke bli anderledes enn det ble. Selv Håkon – kongen opptrådte som ekte viking. Urokkelige – og villig møte motstand og aldri vike en tomme. Og hele Norges kongehus kjempet for Norge og rettferd, demokrati og frihet. Det krever sitt! Ja, så la komme! Alt dette er en grunn-nordisk holdning til livet – dette vil aldri noen nazist skjønne. De vet overhode ikke hva en viking egentlig er og var. Men sannelig fikk de kjenne at hvis de angriper oss – så forvent dere ikke at vi ikke kjemper imot. Og det til enhver pris. Vi gir oss aldri! Vi vet hva vi kjemper for! Det ligger i oss. Så kommer dere og tror: dere skal greie dette – ved noe enkelt angrep: så tar dere grundig feil! Nettopp det tyskerne fikk oppleve. Viking? Vanskelig forstå?! Ikke egentlig: bare se og iaktta hva vi gjør! Vi kjemper om kampen dreier seg om rettferd og rettferds seier og det koste hva det koste vil. Forvirring – pervers forvrengt beundring. Ja, værsegod tysker! Slik var den generelle holdning: Norge der og da hele nasjonen kokte. Og kongen: Håkon sto der urokkelig sammen med det Norsk folk med akkurat samme grunnfestede holdning. Krig? Kamp? Ja, så kom igjen! Vi gir oss aldri! Bare hør det tysker! Skjønne motiv – ting til å gå

sammen – finne vikinger i deres mal – de var kun deres egne fantasifostre – som dog vet skapts historier; løgner – om vikingefolket. Men her fikk de se reelle vikinger – og det noe ganske annet! Tyskernes perverse syn på vikingene – den holdt ikke stikk – og dette perverse syn finnes enda kvarlevninger av andre steder – løgnhistoriene – de ble motstridt av faktiske kjempende vikinger og retningen disse vendte sin kamp og sine våpen – som selvfølge og urokkelig målbestemt. Urokkelig? Hørt – ja,ja – for hva – der var kun tyskernes perverse syn – mer til deres egen forvirring enn noe annet – i faktisk iakttagelse av Norges folk imot dem. Noe svært vanskelig å forstå i seg selv – slik tyskernes forestilliger var skulle vikingene være krigere. Sant nok det fikk de dog både kjenne selv og se – at så var det – men det hvis så¨kreves. Og ingen hadde forstått at vikinger hadde og må ha et klart motiv og årsak – ingen hadde av dem forstått – dog de nå kunne bare værsegod iaktta nu hva og hvorfor – den gang som nå. Hvis knuse oss. Værsegod – men da må gjøre det helt totalt. For her er snakk om å kjempe mot selve: Midtgards sentrum – der dette begrep har sitt opphav – dog vide kjent begrep utover hele verden. Midtgard er: "Der hvor menneskene bor". Så bekjempe Midtgard – det kjempe mot menneskeheten som helhet – dens kjerne – dens liv, helse, frihet, verdighet, hvis kjempe mot det da vent ikke at dere ikke møter et voldsomt og urokkelig motstand. Det sier seg egentlig selv. Slik også verden iakttok ved faktisk iaktagelse vår urokkelighet – kompromissløse motstandskamp som aldri sa: Vi gir oss. Aldri i tanken ens

kunne uttale de ord i vår kamp mot ondskaps makt. Denne holdning i Norge og Norges kamp – egentlig dypest sett: de helt typiske vikinge holdninger – de sanne typiske. Og at i tillegg at vi i denne kamp da som nå - Norges kamp for frihet; urokkelige og heroldiske kamp. Det ALDRI gi seg! Vi kjemper uansett – og gir oss aldri – viker ikke en tomme hva dere enn gjør! Alt dette skapte i seg selv selvsagt et kjempesvært hodebry – ja, nærmest mildt sagt kaos i hodet til tyskerne. Fullstendig forvirring – og avmakt i kunne begripe – dog alt sammen så øyenstikkende åpenbart – i det jo det hele var nettopp slik hendelsene bekreftet seg den ene etter den andre – og sterkere og sterkere – så for normale mennesker i iaktagelse – selvsagt se hva som skjer og erkjenne en feilvurdring – dog tyskerne tross måtte iaktta dette gjennom hele krigen og uten oppehold – kom aldri generelt likevel begripe – og kunne legge sammen to og to – og erkjenne vår vurdering har ikke vært sann. Tross hvis normale kunnet erkjenne noe rent faktisk i ikatagelse – der er en falsk og løgnaktig historie om vikingenes historie som fantes hos dem og enda i dag finnes kvarlevninger av i sk historiebeskrivelser av vikingefolket i norden. Forrædere fantes dog i folket. Men det også stort hodebry: for unntaket ikke regelen. Tyskernes perverse syn som dog enda som nevnt finnes slike vrangforestillninger om vikingene – men det de ikke visste og noensinne kan forstå er at nordens folk i grunnkjernen noe gjennom godt. Noe som regelen er har en god kjerne og denne kjerne er så dypt grunnfestet at urokkelig – skulle derimot vikingene vært som deres perverse vrangforestillinger om dem var og de løgnhistorier som finnes om dem er; hadde de tverimot vært nøyaktig som dem; noen gjennompsykopater - det de dog fikk se og som stadig bekreftet seg selv: var at det er ikke tilfellet - aldri vært! Vikingen er en rettferdskjempe - hvis kreves og det helt kompromissløst. Slik var og er det nordiske - og sannelig fikk tyskerne kjenne det. Håkon - kongen i landet - rikket seg ikke en tomme - det skapte beundring i det norske folk - og kreve kamp så kjempe imot dere - dere ondskapsmakt! Vi viker ikke så mye som en tomme! Quisling "tok over regjeringsmakten"; over radio - i det fått denne under kontroll - ved hjelp av tyskerne og proklamerte at Norge var under hans kontroll og Knut Hamsun - kom den samme dag - alt dette selve angreps dagen fra tyskland: 9.april 1940 også han over radion og ba folket legge ned våbnene. Og ikke kjempe - han fortalte liksom Quisling at det var venner som kommet! Disse skikkelser og disse handlinger ga kun økt raseri og økt kampvilje i Norge: "Forrædere!" hørtes rettet generelt henimot disse i Norges land. I Norge endet det opp i løpet av to måneder å være en kamp som ikke kunne sees noe ende på overhodet - kunne bare i iaktagelse drives nærmest uendelig. Kampen som foregikk ved Hegra Festning - kampene der teoretisk sett og også reelt i faktisk iaktagelse umulig kunnet ha noen ende. Eneste mulige ende eller utfall kunnet fått hvis bare fortsatt - faktisk da at tyskerne måttet erkjenne - vi greier ikke dette og så da tatt den konsekvens å gjort vendereis. På Hegra var kampmoralen og viljen til tvinge tyskerne til

nettopp dette standtagende - urokkelig - og utvetydig - tysker ikatta bare vi gir oss aldri! Faktumet var da også det at Hegra Festning potensiale holde ut ubegrenset mot tyskerne. Dog etter to månder kamphandlinger totale - og der og da tyskerne møtt en uovekommelig hindring - ved aldri komme noen vei med soldatene på Hegra Festning - da det der og da var det faktiske forhold en kamp som ikke kunne ha noen ende hva gjelder motstand fra Norsk side; så kom dog helt uventet en kaputilasjonerklæring fra forsvarmakten i Norge ved Gerneral: Ruge - og det da etter to månders uavbrudt kamp i Norge. Kamphandlingene ved Hegra ble ved denne erklæring fra Ruge der og da stanset. Men det som dog er tilfellet er det at det ikke var denne General som hadde siste ordet hva gjelder slike miltære avgjørelsen - den ligger i følge vår Grunnlov av 1814 - kun kunne ta en endelig avgjørelse hva gjelder slike militære forhold hos den som er konge i Norge. Kongen er iflg grunnloven den aller høyeste instans hva gjelder miltære forsvars saker - og derved kun han alene rett å avgjøre en slik sak. Vår konge hadde dog dannet regjering i England - en interimregjering og fortalte folket - motsigelse av den nevnte General Ruges egnerådige handling: "Kapitulasjon kommer aldri!" "Og regjeringen - Norges folkevalgte - og derved eneste legitime - er nå i London! Ingen annen plass!". Jevnlig fra London ble da sendt radiosendinger der Kong Håkon talte til det norske folk om tings forhold. Kampene kom så bare å forsette - en krig som bare førtes videre.

"Look to Norway!" - USAs President: Roosvelt:

Alt dette beskrevne her faktisk iaktatt svært sterkt og – ja, direkte øyestikkende. Dette fikk verden som iakttok vår kamp – vår urokkelighet; våre allierte. Ja, de så og iakttok og så erkjente. Beundringen steg henimot disse fenomen: da iaktatt og med all rett skapt en helt naturlig og ekte dog også da helt og holdent fortjent:fra våre kjære allierte. Churchill i England så og forsto. Og Roosevelt gikk så langt i ren begeistring over det iakttok og dette lille folks ukuelighet – uansett hva – aldri vike en tomme overfor ondskapsmakt – han gikk da så langt da også det da av vår rene fortjeneste å skape en tale – en av hans aller mest kjente – kom den til også å bli historisk: hvor hver setning avluttes med en apell og oppfordring til verdens folk der og da midt i det mest avgjørende tidspunkt av siste krig – hvor ingen visste hvem som skulle få den sluttlige seier – usikkerhet – dog urokklig kamp – det nettopp for gi verdens folk et håp og en sterk apell bare kjør løpet videre – ikke se dere tilbake: " Look to Norway". Underforstått iaktta det lille folk der nord – og iaktta deres kamp – gjør som dem – la dem være deres forbilde. Det er budskapet i denne kjente store tale av Roosevelt som da også er selve talens tittel: "Look to Norway!". "Kjemp!" – det er budskapet. "Look to Norway!" – værsegod – gjør som Norges folk! Kjemp og vik aldri! Og hvis vi gjør så: den eneste vei og eneste måte muliggjøre vår seier. Det er hele talens grunnbudskap. Eiendomlig – ja, men sant. Et litet folk i urokkelig og heroldisk kamp for rettferd og frihet og demokrati – en hel verden i fare – en hel verden står på spill – ingen vet utfallet

– et håp, et forbilde – en pekepinn henimot hva skal vi gjøre? Roosvelt ga denne tale da med målsetning – gi håp – hvordan gå frem – og hva målet et håp reelt dette oppnåes – hvordan: "Look to Norway!": Målet selvsagt verdens demokratienes totale seier i denne krig som nettopp da pågikk. Slik avsluttes dette avsnitt av teksten i dette med overskrift: "Look to Norway!"

En liten kall det addisjonell oppgave hvis ønskelig – bare som en faktisk dog "spesiell opplysning" – uansett hvor spesiell dog sann og reell: Hitler som person var asket, vegetarian, "dyrevenn" – og i tillegg strekt mot den sk røyking. Hva gjelder våre to mest betydelige – ja, hovedaktørene på motsatt side – hans vesentligste, mektigeste og sterkeste – urokkelige mostandere: Curchill og Roosevelt – ingen av dem var asketer – dyrevenner selvsagt – men selvsagt ikke på bekostning av humanisme – humanisme selvsagt deres hovedkjerne – det som var hele deres vesen – selve årsaken og drivkraften bak totalt hele deres gjerning – urokkelige humanister – det var det de var og selvsagt da også urokkelig bare måtte kjempe for uansett hva det koste ville. Sluttlig da den siste litt "spesielle ting": Begge to var røykere og det hele livet. I forbindelse med det kan nevnes noe helt spesielt da også som skjedde i den aller siste fase av krigen – da USA kommet direkte inn som kjempende militært som alliert part til England – i denne siste fase ble rettet et spørsmål til den amerikanske overbefalshaver i krighandlingene: General Dwaight D. Eisenhoover – et spørsmål retter fra Presidenten i USA:

Roosevelt til Eisenhoover – ”Hva er det absolutt mest påkrevde dere trenger for vinne denne krigen?” – Svaret kom klart og kontant – spesielt – dog uten tvil: ”Send oss så mye tobakk du overhode kan!”. Det var hele beskjeden der og da. Med disse små addisjonelle – opplysninger – om tings tilstand der og da. USA kom som kjent med i den aller siste og avgjørend fase av krigen – og ved sin militærmakt sammen med Engelske sette slutt strek for det som var deres målsetning som nevnt for disse tre ondskaps makter i verden eksistens – som truet hele verdens eksistens. Men før kom så langt mye vondt skjedd og mye kamp krevds og ingen kunne vite utfallet – ingen visste om seiren var deres – hvem som kom til å få den – alt var usikkert – ingen kunne bare si vi har seieren – ingenting kunne taes for gitt – ikke en ting – det var store og mektige ondskapsnasjoner som som nevnt hadde voldsom slagkraft – uvissheten – likevel urokkeligheten fra alliert side denne kamp må bare føres videre helt til enden – utfallet vet ingen – men her gjelder alt eller ingenting – en hel verden står på spill. Det var stillingen gjennom hele krigen helt til den endelige kapitualsjon kom og kunne bli faktisk iaktatt. Dette siste skjedde da – den generelle betingelsesløse kapitulasjon som krevdes i tillegg av de allierte – den kom dog men ingen kunne vite om den skulle komme – eller hvem av partene som kom til å seire – men den generelle kapitualsjon fra ondskapsmaktenes side - de tre landene nevnt kom 7. mai 1945. Norges frigjøringsdag som nasjon kom en dag etterpå den 8. mai 1945.

Kapittel Syv:

ETTER NAZI-TYSKLANDS KAPITULASJON – FRIGJØRINGEN 8. MAI 1945 TIL NORGE

Klar honnør – rettet til våre sterke allierte – demokratiske land, spesielt England og USA. Sammen med dem alle: kampen ført frem til endelig seier. Uten disse nevnt allierte

og deres urokkelige og heroldiske kamp verden faktisk overhode ikke hatt noen sjangse. Den krevde sitt men seieren og friheten fikk Norge tilbake da den 8. mai 1945.Tyskernes overgrep og perverse kriminelle handlinger både i Norge og i verden – skapte den dypeste avsky. Nüremberg rettergangen ble en tvingend nødvendighet. Aldri før hadde en slik domstol blitt satt noen gang i historien. Men iakttagels av faktiske skjeende – tvinget dette til å bli en direkte nødvendighet og det uten minste rom for tvil – og hurtigst mulig. Det som var det faktiske var også det forhold at aldri før i historien – hadde ondskapen til de grader vært satt i system noe sted eller på noe tidspunkt i historien – og da i tillegg den korte tid alt foregått. Det krevde i seg selv kun frem: ansvarlig handling mht til dette faktiske skjeende – og som sagt eneste forsvarlige var domfellelse, henimot de skyldige i dette ovennevnte forhold. De mest utenkelige og groteske forhold – nærmest for groteske og umenneskelige til kunne tenkes av noe menneske – kunne gjøre slike ting – dog ble de bare avdekket. Den ene avsløringen verre enn den andre. 6 millioner jøder hadde ubønnhørlig blitt; torturert, utsultet og drept. Utallige nordmenn hadde blitt utsatt for lidelse i de sk. KZ-leiere – disse vendte – de som mot alle odds berget livet – berget ved at engelske og amerikanske soldater etter svært harde kamphandlinger kom seg frem der og da til KZ-leire – som spredt over hele Tyskland og besatte områder – og der overrumplet Tyskerne midt i deres groteske gjerninger og fikk dem da bare brått stanset. Ett av disse var KZ-leieret Bergen-Beelsen – dog ett

av svært mange. De nordmenn som mot de sterkeste odds kom tilbake til Norge fra KZ-leire – var det mange av dem som fikk stor betydning for Norge som land – like etter frigjøringsdagen. Blant disse var betydlige mennesker som: Einar Gerhardsen, Tryggve Bratteli og Håkon Lie. Forannevnte noen av dem. Einar Gerhardsen da var i Norge under krigen – okkupasjonen – av Norge av Tyskland. Idet det norske folk i løpet av den led under sult – rasjonering kalte tyskerne dette. Einar som var en sterk mann med meningers mot og frykteslløshet oppfordret befolkningen i Norge bare å ta mat. Dette var noe folket lyttet til – og selvsagt Einar ved sin skikkelse og urokkelige innstillinger mht motstand mot tyskerne – gjorde at tyskerne der og da øyeblikkelig da arresterte ham og han ble satt i KZ-leir. Likens gikk det med Tryggve Bratteli. Han i seg selv ble berget – da Tryggve Bratteli. Det dog bare rørte seg om minimal tid – hvis ikke denne hendelse – at allierte soldater – engelske og amerikanske kom inn der som beskrevet i aller siste liten – Tryggve umulig kunnet berget livet. Disse tre nevnte navn skulle bli noen av de størst giganter i norsk historie – alle sammen var og ble betydlige statsmenn for Arbeiderpartiet i dets etterkrigshistorie – som der og da tok til 8. mai 1945. Håkon Lie i sin iaktagelse og urokkelige mostandskamp gjennom hele krigen var den tredje av disse – han ble etter det en urokkelig: Israel, USA og England sympatisør. Denne hans innstilling kom til å bevares helt totalt urokkelig; det med en sann – oppriktig takknemlighet – og dypt ønske både i ord og handling gjengjelde i den grad

mulig ovefor disse nasjoner nevnt. Hans urokkelighet i sin klare utvedydige – sympati og dype takknemlighet overfor disse nasjoner og folk – Israel – i tillegg i medfølelse og forståelse for dette folks grusomme skjebne som han da med alt han kunne gi av støtte til det folk sin ubetingede sympati – både det også i ord og gjerning. All sympati og helt uten minste grunn til kritikk har jeg personlig rettet mot personen: Håkon Lie. Han er en ekte og sann rettferds forkjemper og vært hele sitt voksne liv. Honnør til deg Håkon Lie for det menneske du er og for den generasjon Arbeider Parti medlemmer – du urokkelig hele livet representert. Jeg er engig med Håkon også både hva gjelder hans ubetingede og urokklige England, USA og Israel sympati – jeg har akkurat de samme følelsene som ham hva gjelder dette og enig med ham i det aller meste.Hvor sto nå Norge etter krigen og den endelige frigjøring i 1945? Håpet, friheten, rettferden – kunne nå bare målbevisst føres fremover videre. Norge gikk så bare fremover og strålte som nasjon i verden – helt fra 1945 til 1975. Altså i 30 år – kun fremgang og den ene seier overgikk stadig den foregående. Riktignok skjedde noen små avbrekk, men ikke katastrofale.

Kong Håkon hadde kommet tilbake til landet like etter frigjøringen – og en gjenopprettelse av Arbeiderpartiets rettmessige regjeringspossisjon – der og da straks ble det faktiske tilfellet – selvfølge. Statsministeren ble Einar Gerhardsen – noen av det første han gjorde i kraft av Arbeider-Partiets overveldende støtte i folket og derved mandat justeringer i Norges Grunnlov – en vesentlig – og

oppsiktsvekkende er: "I Norges land er det ikke lovlig la folket sulte!". Dog akkurat samme påbud eller forbud mot sult står også utvedydig skreved i FNs menneskerettighetserklæring av 1948 – så at vi har det i loven – det egentlig kun en grunndemokratisk – globalt gjeldende lov som nevnt hva gjelder FN og da alle dens medlemsstater – i tillegg ansvar fra hele verdens folk overholde i det den tittel og hva FNs menneskerettighetserklæring av 1948 er:The Universal Declaratition Of Human Rights Of 1948. (Som addisjonell opplysning hva nettopp dette siste omtalte angår vil i praksis si at intet land enten innenfor eller utenfor – uansett om ratifisering eller ei – absolutt hver nasjon uten unntak og hvert menneske helt uten unntak – hele denne deklarasjon gjelder uansett og betlngelsesløst – likens som geneve konvensjonen og andre internasjonelle lover – de fungerer akkurat på samme måte) - Dog spesielt for et land generelt uansett allerede nå ha det uttrykt i sin Grunn Lov. For generelt også inget så alvorlig kriminelt – og det på ethvert område – å bryte så mye som ett punk i ett lands grunnlov – hvor demokrati er det rådende og dets grunnfundament rettstaten. Straffereaksjoner bl.a hva gjelder dette er de strengest tenklige i ethvert land – det er hvis brytes å gjøre kriminalitet mot landets selve grunnfundament. Derfor også er slik. Hvis slikt inntreffer er også den generelle måte angripe dette av et land – noe som går under begreper: RETTSOPPGJØR.

Iflg generell demokratisk tankegang er det bryte grunnloven det aller alvorligst tenkbare kriminelle handling. Der er da inkl selvsagt da mord og andre lignende ting – alt slikt grunnleggende for våre demokratiske nasjoner og finnes i hvert enkelt av disse lands grunnlover. Denne innførelse direkte etter krigen i 1945 av forbud mot å la folket lide under sult – i vår Grunnlov. Dette var noe som naturlig ble vedtatt også – bakgrunnen var Einars iaktagelse av sult – ikke bare i Norge – men også andre steder som følge av tyskernes herjinger. Og i tillegg hans fengsling som følge av hans spontane oppfordring til Norges folk – og bare ta mat der det var mat hvis de sultet! Dette oppfordet han Norges folket åpent til å gjøre som han sa og det midt under den tyske okkupasjonen. Et rettferdig og grundig rettsoppgjør hadde dog blitt påkrevd – det sk landssvikeroppgjør og landforræderioppgjør. Quisling, Rinnan m.fl ble henrettet. Selvsagt mest rettferdige gjøre. Andre fikk fengselsstraff – dog ikke noe umenneskelig. Graderinger av handlinger telte selvsagt som helt avgjørende. Rettsstaten gjeninnført – ikke som under tyskerveldet vilkårlighet, massehenrettelser etter forgodtbefinnende, fengsling uten noen form for rettferd etc. etc. Løgnen om norske kirkes stilling i løpet av krigen 1940-45 – som serveres enda – dog her følger sannheten om dens stilling – enkelt og liketil:

En svært graverende og grov løgn ble etter krigens slutt servert det norske folk fra den sk Norske Kirkes generelle holdning – sant en god del prester mht sin anseelse i Norske folk tok kun av den årsak og fratrer under krigen. Andre

prester – "for de vokser jo sånn generelt nærmest på trær" trer dog øyeblikkelig inn i disse stillinger som da blir ledige – og glad for det. Så hva da disse prester som trer inn er jo som alle de andre prestene del av den Norske sk kirke – og da: "motstand fra den Norsk kirke": Blank og grov løgn! Norge ble 9. april 1940 okkupert – hva skjer mht kirkens overste leder – erkebispen: den gang: Berggrav. Jo, han personlig der og da blir redd for livet pga. kamphandlingene som foregår – så intenst – og hva gjør han så? Jo, der og da går og hjemmer seg i en kjeller ved domkirken i Oslo. Men så blir han oppdaget av tyske soldater – og hva nå? Hans barn har han sendt i vei på fjellet: "For best nå holde seg unna!" – som han sagt til dem. Selv satte han seg som nevnt i en mørk kjeller. Men da tyske soldater oppdager ham, forandres hele hans skikkelse – først redd selvsagt – men så snakker han til dem, kommer til enighet og drar en lettelses sukk: "Ja, så var det ingen fare alikevel!". Etter det hva skjer? Jo, han går inn i huset sitt igjen og fører vennlig samtale med tyskerne. Så slår tanken om barna ham og han stiller seg på trappen og roper til dem: "Kom tilbake barn! Tyskerne er ikke farlige!". Hva skjer så med denne kirkens overste leder i løpet av okkupasjonen? Jo, lever og virker fortsatt hele krigen som erkebisp som om ingenting skjedd. Så da 8. mai 1945 – da står han der straks i en annen skikkelse – en slags dommedagsprofet og fortsatt kirkens leder og angriper både tyskerne og sk landssvikere verbalt. Jeg bare spør: Hva med han selv?! Den grunnkjente norske kirkes dobbelmoral og

total mangel på ryggrad og tillegg svik, løgn – Ja, vi kjenner kirken! Den om det!

Etter krigen vet vi alle at FNs menneskerettighetserklæring ble formulert og tillegg hvem som der og da ble FNs første Generalsekretær og derved FNs mest betydelsesfulle skikkelse – en nordmann ved navn: Tryggve Li (Arbeierpartimann i tillegg) – en av de betydlige menn som da kom til å formulere den erklæring av 1948 – som går under navnet: FNs universelle menneskerettigheterklæring – og denne i seg selv menneskhetens som helhet aller største og det uten tvil fremskritt i positiv bemerkning – i hele sin historie – den i seg selv menneskehetens pr dags dato aller største fremskritt og det helt uten rom for tvil mht til dette faktiske forhold. Og vi bør da være klar over at englene i seg selv går på jorden – det er menneskene som flyr...

Kapittel Åtte:

AVSLUTTNING:VEIEN FREMOVER FOR NORGE: OGSÅ VI NÅR DET BLIR KREVET FOR DET FRED SLÅR LEIR

Målsetningen med vårt lands eksistens - gjenoppståen i 1905 - meningen med vårt lands eksistens: Vår misjon er bringe Norge dit det en gang var - som det var i 1000 vis av år. Et land her nord hvor "nordisk rettferd" er noe reelt iaktagbart, faktisk - åpenbart - ja direkte øyestikkende reelt. Begrepet finnes allerede og er kjent i verden - dog verden vet ikke hvorfor vi har den - bare at verden som helhet gitt dette faktiske iaktatte de sett ordet: "nordisk rettferd" - la ikke denne hederes benevnelse vi har i norden og fått og fortsatt bærer ute i verden - bli til skamme - årsaken til at den er noe faktisk har rent historiske røtter - så gamle at ingen vet eller kan tidfeste hvor og når den hadde sin opprinnelse og hvor stammer fra vanskelig for svært mange å forstå. Dog verden av i dag iaktatt den og har ordet "nordisk rettferd" som svært kjent begrep. Jeg vet det har ikke vært lett - og krevd og fortsatt vil kreve sitt - dette fordi landet akkurat nå - eskistert nå snart dog kun i 100 år. Landet i seg selv jo fra urtid. Men det rådet mørke og undertrykkelse og hærverk i vårt land og mot vårt folk i 1000 år. Da klar hovedsårsak til dette grusomme forhold - dog

faktisk historiske – hovedskyldig – kriminell – ugjerningsmann: Olav Haraldson – og hans innfølse av katolisismen i Norge den gang – en fiks ide som resulterte i at landet ble så hardt rammet at ble historisk etter det utslettet – etter det skulle Norge bare komme til å forsvinne og være bort i 1000 år. Og nå som nenvt da kun fått anledning atter eksistere kun i ca 100 år. Vi bragte dog fra det tidspunkt det skjedde at nasjonen gjenoppsto i 1905 vår eldgamle – urtidleveform gradvis og på utrolig kort tid tilbake. Men klart – ja t.o.m direkte øyenstikkende bragte innholdet det sanne og reelle i ordet frihet og det på ethvert område slik vi dog i 1000 vis av år levde og da narturlig for oss slik å leve – så å si umulig helt tidfeste – dog siste setning opplyse kun i seg selv her dreier seg om et land med utrolig lang historisk eksistens. Og dette igjen som opplysning hvorfor og hvor utrolig hard grunnfestet disse holdninger i sannhet er i Norge – i det norske folk. Utrolig opplysning men det er selve grunnårsaken til vår så harde – ja urokkelighet hva gjelder nettopp disse kjente begreper vår frihets vilje og vår rettferds sans – disse ligger grunnfestet i vårt arvemateriale. Det er også oppsiktsvekkende opplynsing for svært mange men dog faktum. Vi vet dog vi var treller i 1000 år etter det og kun nå hatt vår frihet tilbake i ca 100 år. Men så la da nye år komme oss i møte og la den tiden gå la år passere – gang på gang slik vi en gang hadde for vane at så skjedde bare – så var naturlig. Nettopp nå da nasjonen dog kun hatt friheten

tilbake i 100 år – la så nu oss gå fremover og la oss arbeide for å få alt det tapte tilbake.

Det som så skånselsløst, grusomt og hjerterått bare ble oss frastjålet. Og vi ble tvunget være treller og være lidende både bokstavlig og i smerten over lengselen tilbake til den generelle harmoni, frihet og lykke vi i den hadde før de siste 1000 år. Ondskaps makt gjorde dette mot oss; la den da aldri få sin makt tilbake! La verden atter få se og iaktta den sanne viking – og erkjenne i faktisk iakttagelse hva en sann viking er. Ordet viking skal som en gang var lik ordet: RETTFERDS MENNESKE. La tiden gå og la verden se at det er sannheten om Norge og vår befolkning – vår sanne bakgrunn – våre sanne røtter. Som nevnt vise verden det sanne og reelle innhold i ordet: Viking Hva som i rettferds navn skal forbindes med ordet. Som nevnt la verden se og forstå ved faktisk iaktagelse – ordet: Viking være hedersbenevnelse og kunne bæres med stolthet. Ordet være nøyaktig det innehold – et bunn ærlig og sant rettferdsmenneske! La så skje. Og da som nevnt før da bare la årtursener atter få komme og gå som det gjorde før. Og for så kunne skje la vårt kongehus ordtak – hva gjelder deres holdning overfor vår land: Norge – nemlig deres ordtak være vårt felles i alle tider fremfor oss – hvis vi holder oss til ordtaket og dets reelle innhold da vil det gå dette vårt land kun gode tider i møte – det er jeg sikker på og ordtaket er da følgende: "ALT FOR NORGE!" Og med det takker for ordet.

Med tilslutt ønske NORGE alt vel i tider som kommer etter disse i dag 1. Mars 2004.

Ja, vi elsker detter landet (Fritt Norges Nasjonal Sang):

1. Ja, vi elsker dette landet,som det stiger frem, furet, værbitt over vannet,med de tusen hjem.Elsker, elsker det og tenker på vår Far og Mor - og den saganatt som senker drømmer på vår jord.

2. Dette landet vikingen verget med sin kjemperad, om det landet Snorre talte medens skalder kvad; Olav Tryggvasson for det landets frihet kjempet med ufraviklig mot.fra dets høye Sverre talte Roma midt imot.

3. Bøndene sine økser brynte hvor en hær dro frem, Tordenskiold langs kysten lynte, så det lystes hjem. Kvinner selv stod opp og strede som de vare menn; andre kunne bare grede, men det kom igjen!

4. Fienden sitt våpen kastet, opp visiret for, vi med undren mot ham hastet, ti han var vår bror. Drevne frem på stand av skammen gikk vi søderpå; nu vi står tre brødre sammen, og skal sådan stå!

5. Visstnok var vi ikke mange,men vi strakk dog til, da vi prøvdes noen gange, og det stod på spill; ti vi heller landet brente enn det kom til fall; husker bare hva som hendte ned på Fredrikshald!

6. Hårde tider har vi døyet, ble til sist forstøtt; men i verste nød blåøyet frihet ble oss født. Det gav faderkraft å bære

hungersnød og krig, det gav døden selv sin ære - og det gav forlik. Harde tider har vi døyet ble til slutt forstøtt. Men av nåde frihet ble oss født - har den Herre stille lempet så vi vant vår rett.

7. Ja, vi elsker dette landet, som det stiger frem, furet, værbitt over vannet, med de tusen hjem. Og som fedres kamp har hevet det av nød og seir, også vi, når det blir krevet, for dets fred slår leir.

Avslutter da boken slik med disse ord – og håper boken i seg selv vært givende for den som lest den.

THE END

www.ingramcontent.com/pod-product-compliance
Ingram Content Group UK Ltd.
Pitfield, Milton Keynes, MK11 3LW, UK
UKHW041838200726
13854UKWH00003BA/1201

9 780359 386208